Rainer Maria Rilke

Ich will aufgehen in Dir
Wie da Kindergebet im lauten jauchzenden Morgen
Wie die Rakete bei den einsamsten Sternen
Ich will Du sein

Aufgehen in Dir
St. Mattner & F. Cienfuegos (Hrsg.)

Bibliografische Information der Deutschen Nationalbibliothek:
Die Deutsche Nationalbibliothek verzeichnet diese Publikation
in der Deutschen Nationalbibliografie; detaillierte bibliografische
Daten sind im Internet über http://dnb.d-nb.de abrufbar.

Impressum

Copyright © 2016

herausgegeben von

Sternen Blick
www.sternenblick.org
kontakt@sternenblick.org

Herausgeber:
Stephanie Mattner & Francisco Cienfuegos

Coverbild:
© Leonid Afremov
www.afremov.com

Alle Bilder im Buch (ohne geometrische Figuren):
© Franz J. Hugo
www.franz-j-hugo.de
(vollständig S. 30, 55, 112. Alle anderen sind
Auszüge vom jeweiligen Original)

Covergestaltung & Buchsatz:
Stephanie Mattner

Herstellung und Verlag:
BoD - Books on Demand, Norderstedt

ISBN: 978-3-7431-1488-3

Der Drang, sich zu verbinden, dieser tief in den menschlichen Urbedürfnissen verwurzelte Drang sich in einem anderen Menschen zu finden, sich darin zu verlieren, zu erspüren, was man ist, wenn man nichts mehr ist, das Innigste in sich aufzugeben, um den anderen Körper sein zu lassen, was das eigene Sein werden will. Verschmelzung als Durchmischung der Formen; durchdringen und aufheben. Diese Spannkraft von sich gegenseitig umschlungenen Körpern, die uns am Abgrund in sich verwobener Atemzüge atemlos, ja, fast schon körperlos lässt. Das Schmecken und Riechen heißfeuchter Haut, so zügellos lebendig, weil die Sinne hochkant gestellt werden und im Gegenüber bedingungslos aufgehen wollen. Erektion der Sinne, Orgasmus als Mittelpunkt intensivster Regungen, die sich nach allen Seiten hin zum höchsten Punkt der Lust strecken. Schimmernd. Sich selbst entblößend. Nackter Ursprung, wo sich Sprache verflüssigt und sich im Überfluss überflüssig macht.

Diesem Drang innigster Verbindung durch Ausleben sexueller Lust Ausdruck zu verleihen, kann sprachlich entweder rein formal-beschreibend oder auch lyrisch vollzogen werden. Die lyrische

Sprache mit ihren Stilmitteln hat den Vorteil, dass das Erspürte, das Sinnhafte, wofür der rationale Sprachgebrauch kein zureichendes Vokabular hat, zur Geltung kommt. Ein Gedicht kann ein Universum sein, in dem wir unsere Existenz ganzheitlich fühlend betrachten. Jedes Wort erhält eine Daseinsberechtigung, autarke Selbstwirksamkeit. Weil die äußeren Schichten des Trivialen gesprengt werden und das pulsierende Fleisch, das innere Gewebe des Wortes, zum Vorschein kommt.

Gedichte erzeugen somit eine besondere emotionale Intensität, die uns einen anderen, oftmals unerwarteten, überraschenden Zugang zu einer bestimmten Thematik oder gar zu uns selbst ermöglichen. Selbstsein im inneren (Unaus-)Gesprochenen.

So gesehen, gibt es einen engen Zusammenhang zwischen Erotik und Lyrik. Beide können bewirken, dass man sich unmittelbar lebendig fühlt, wenn man sich darauf einlässt, bekannte Pfade zu verlassen.

Sexualität ist vielfältig und je nach Zeitepoche herrschen entsprechend unterschiedliche gesellschaftliche Vorstellungen und Normen. Es ist auch sicherlich kein Zufall, dass gesellschaftliche Umwälzungen oder Neuausrichtungen meistens mit einer Neudefinition des Umgangs mit Sexualität einhergehen. Sexualität als Prisma, durch das sich verdeckte gesellschaftlich-kulturelle Muster brechen, sichtbar werden. Die Lyrik, so wie alle anderen Kunstrichtungen, hat sich daher auch schon immer mit Sexualität auseinandergesetzt. Mal eher auf deftiger, mal eher auf diskreter Art und Weise. Romantisierte, idealisierte Vorstellungen scheinen mal durch - und mal sind es rein körperlich, an der Grenze zum Vulgären übermalte Szenarien, die dargestellt werden.

Erotik ist jedoch, aus der Perspektive dieses Werkes, jene unsichtbare Zündschnur, zeitlos, dieser prickelnde Moment, der uns aus hemmender Angst entlässt. Entfesselung erstarrter Gewohnheitsmuster. Überwindung des schmalen Grats zwischen dem unbändigen ins Bewusstsein überschwappenden Wunsch nach sexueller Befriedigung, ja Gier, und Phantasien von zarten Berührungen in Zonen, die kulturelle Konventionen verborgen halten. In diesen Gedichten ist Erotik manchmal auch jener Sekundenhauch bevor die Konturen der Sehnsucht nach körperlicher Sättigung jene Form annehmen, die uns am tiefsten Ort der Stille hinführen. Begehrlichkeit, stärker als der Augenblick, nur noch der Andere sein, im Anderen sein. In das Du hinab gleiten, fest, sich darin eingraben, festbeißen, wollen und lassen, jeden Widerspruch auflösend.

Die Übergänge zwischen Liebe und Erotik sind
fließend. Das wird auch in dieser Sammlung von
Gedichten sichtbar. Es sind oft Nuancen, die den
Unterschied ausmachen. Und doch verbindet alle
lyrischen Werke dieses Bandes eines miteinander:
Die Lust nach Verschmelzung, sich einem ande-
ren Menschen mit Haut und Haar hinzugeben. Als
nackte Körper sich von allen Seiten zu spüren. Be-
freiendes Verlangen. Befreiung verborgener Wün-
sche, wenn Lippen die Höhen und Tiefen von Kör-
perlandschaften entgrenzend berühren.

Jedes Gedicht für sich und das Werk im Ganzen,
verleiht dem Eros einen lyrischen Klang, der über
das Hörbare hinausgeht und die Essenz jener En-
ergie in sich trägt, die zwei in sich verschmelzende
Körper ausstrahlt: *Aufgehen in Dir.*

Francisco Cienfuegos

Liebeserwachen

Wie aus dem Schlaf erwacht,
sehen und finden wir nichts mehr als uns.
Und doch, es ist mehr, als wir
je zu Gesicht bekamen,
je zu leben ahnten,
je zu lieben wagten.

Stefanie Haertel
(Auszug)

Du

Du tauchst mein Herz in pures Gold,
gravierst es mir mit zarter Schrift.
Schon immer habe ich gewollt,
dass Amors Pfeil uns beide trifft.

Du flüsterst Worte in mein Ohr,
ein jedes lockt; du machst mir Mut
und öffnest mir zugleich das Tor
zu neuen Sommern voller Glut.

♦ Markus Gerbl ♦

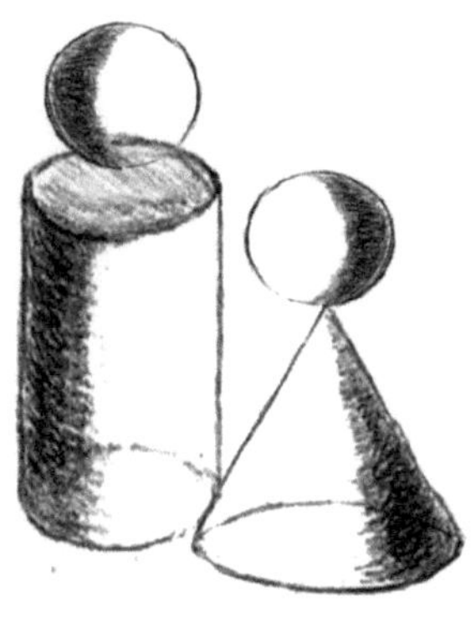

Fäden

Du löst die Sehnsucht ab
von meiner Haut
die sich durch alles zieht

die stetig Fäden vernäht
gewaltig schwelgt
und Tränenmeere wiegt

Du blätterst Sehnsucht fort
machst Knoten auf
lässt sein und stehen

schälst anmutig flirrend
die Augenblicke frei
bis Fäden flatternd fliegen

♦ Anne Mammes ♦

Deine roten Jeans

Deine roten Jeans
und die Gitarre,
die du spielst.
Auf dem Teppich
sitzen wir.
Ein Kelim oder so.
Der Duft deiner Haare
so nah
verwirrt mich.
Ich weiß Gründe,
mich nicht zu verlieben
so kluge, wo sind die?

Später pflückst du
Blumen aus einem
Betonkasten am Straßenrand
gibst sie mir und lachst.
Deine Augen
grün irgendwie oder grau.
Unsere Finger berühren sich.
Kurz nur zu lang.
Die Hitze in meinem Gesicht
verberge ich hinter Haaren.
Fühle mich seltsam.
Königin ohne Land.

Unsere Körper ergründen wir,
neu und Haut köstlich sanft.
Lippen suchen, öffnen, finden
sich, lieben Dunkelheit
ins Licht
Dein Herz verwoben mit meinem.
Haut an Haut werden Liebe und
Lust ein
unzerbrechliches Ding.
Und die Gründe, die klugen
ins Herz gefallen.
Sehnsucht geworden.

♦ Gabriele Auth ♦

Zwei Fragmente

Stille Mondnacht,
in deinen Augen
Morgensterne.

Deine Hände
rau, zärtlich,
erregen meine Lust.
Schließe die Augen,
genieße deinen heißen Mund.

◆ Roland Schmid-Paleski ◆

*) Aus: „Ein Falterleben lang“
mit freundlicher Genehmigung
des Zwischenbereiche-Verlags

Silberlicht...

…streift zärtlich schlaflose Körper
küsst flüchtig lustvoll seufzend
warme Haut
zeichnet lautlos Schattenspiele
leidenschaftlich lebhaft

Silberlicht spielt mit Feuer
taumelt
zittert
verbindet zwei
in einem Ozean aus Licht

♦ Elin Bell ♦

Ich sehe den Himmel offen

Ich sehe den Himmel offen,
umkränzt von goldenem Laub.
Lieg' da in hellem Hoffen,
getaucht in Blütenstaub.

Höre dein Herz mir singen,
stimm' mich ein mit klopfendem Laut,
Lust kommt die Seele verschlingen,
kriech' rein in deine weichwarme Haut.

Aufglühend wie eine Sternenschnuppe,
lieb mich, in deinem Arm geborgen,
bis ein feuerrot gleißender Morgen

umschlingt unsere Leiber mit Licht,
scheib' mit meines Fingers Kuppe
Dir auf den Bauch dies Liebesgedicht.

◆ Bettina Wimmer ◆

PerlmuttTropfen

P erlende pulsierende Strahlen sendet Luna auf
E ntdeckungsreise, wie ein Schattentattoo
R äkeln sich Lichtspiele auf der Haut. Ein
L ächeln umspielt pralle rote Lippen,
M ondperlen fließen schimmernd
U nd überfluten uns sanft mit
T ropfen aus Silberlicht, sie
T ränken unsere Körper,
T aumeln sinnlich und
R otieren funkelnd,
O hne Erbarmen
P rickelnd.
F antasie
E ndet
N ie.

♦ Birgit Burkey ♦

Alle Tiefen

Während Deine Hände mich verführen
spiegel ich mich in dem Augensee
Deines Begehrens.
Mein Körper tanzt Dir mein Verlangen
und die ersten Perlen höchsten Glücks
benetzen die sich immer weiter öffnende Blüte,
um Dich in vollendeter Schönheit,
in allen Tiefen
zart
zu empfangen…

◆ Stefanie Junker ◆

Nach dem Liebesbrief

Wenn in der Stille der Nacht ich
zur Ruhe komme und in mich gehe,
das Wirrwarr vergesse, das ich
geschrieben habe, und ergründe,
was ich wirklich will,
dann frage ich mich,
ob man nicht fünf Minuten
gemeinsam schweigen könnte,
und mehr sich sagen würde,
in dieser Nähe, wenn man sich spürt,
Seite an Seite, sanft sich haltend
und streichelnd, Dich
in meinen Armen, Deine Arme
um mich, Deinen Kopf
an meiner Brust, mein Gesicht
in Deinem vollen, lockigen Haar
– dieser Duft! –
als mit Worten?

Und Deine Fingerspitzen,
spielen sie wieder
in dieser Dir eigenen,
hinreißenden Geste
fahrig in unsteter Bewegung

über die Lippen,
um Deinen Mund?

Ich höre so gerne
Dich reden, Dir zu,
doch in mir schreit alles
nach Schweigen
und Küssen.

Zwischen gestern und heute

liebesbrief voller worte
auf langen stelzen
schwankend im wind
aufragend in kühle wolken
entrückt dem warmen grase
in dem wir lagen
– gestern per luftpost geschickt an dich

– heute am frühen morgen aber
kitzelt ein winziger sonnenstrahl
wach diesen einen traum:
meine lippen wandern wortlos
von deinen armen über die brüste
.... bis zu den zehen
keinen buchstaben auslassend
im alphabet der zärtlichkeit

♦ Wolfgang Endler ♦

Zwischenzeit

Lass mich stehen
an der Träumung deiner Konturen

unausgesprochen im Haar
reifen gegen jedes Zittern

wie ein Durchtasten
zwischen der Zeit

♦ Projekt wort:rausch ♦

Orange

Aufwachen – mitten in der Nacht
Und ich frage dich
„Willst du Orangen mit mir essen?“
Und es ist der Gedanke
Wir mit klebrigen Fingern
Dein Mund so nass und warm
Die lange, weiche Kurve deines Körpers
Vielleicht verheißen die Orangen nur Sommer
Hitze
Die die Tage zerfließen lässt
Ich küsse deine Orangenlippen und du öffnest dich
Und ich frage mich
Wie viele Samen ich in dir finden werde

♦ Elisabeth Lintschinger ♦

Sinnentäuschung

Ihre Hände flüsterten
und ihre Augen lachten leise,
die Ohren fühlten den Windhauch,
der Mund sah sich die Gegend
um meinen Rücken genauer an.

◆ Armin Hambrecht ◆

Ägäische Wiese

auf langen grashalmen
ausgelegt
laufen mir
kleine käfer
über die hände
es ist sommer
obwohl es winter ist
und deine haare streifen
meine hand
obwohl es grashalme
sind
die sie streifen
die sonne scheint
auch wenn es
regnet
und mir ist kalt
wenn du mir auch
wärme schenkst
der millionenfach
prasselnde regen flutet
die wiesen und schwemmt mich ins meer
zu dir zu finden

♦ Şafak Sarıçiçek ♦

Entgegenkommen

Warmer Wind
der nackte Beine berührt
wohliges räkeln
lang ausgestreckt im Gras.
Deine tastende Hand
die meinen Atem findet
tief unten
an meinem eilenden Bauch.

♦ Beate Kriechel ♦

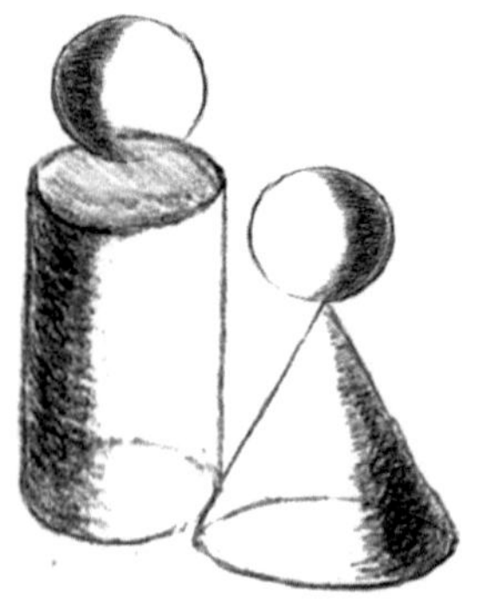

Schweigen

Lass mich von deinen Tränen trinken,
Den Mund mit weichen Küssen schminken,
Und wenn versiegt der Quell von flüssigem Kristall,
Horch ich auf meiner Küsse Widerhall.

Ich möcht' dein Herz in meinen Händen wiegen,
Auf dass sein Schmerz, von dem du schweigst, vergeht.
Ich möcht', Betrog'ne, dir zur Seite liegen,
Wie Schuld, die um Vergebung fleht.

Ich möcht' mich stumm an deine Stille schmiegen,
Mein enges Herz auf deinem Atem wiegen,
Bis dass sein Schmerz, von dem ich schweig', erlischt
Weil sich Berührung in die Stille mischt.

◆ Guido Blietz ◆

Begreifen

Du lehrst mich mit den Fingern denken
und begreifen all die Hebungen und Senken
deines Leibes, in dem Körperalbum lesen
und ertasten, wie dein Wesen

sich in eine eigne Form gegossen, die
mir entäußert deine ganz besondre Harmonie,
Spannung und Verletzung deiner Seele,
deines Fühlens, und ich wähle

zarte Wege durch die Landschaft deines
Leibes, deiner Nervenwälder, und ein feines
Zittern mündet in ein tiefes Beben,
Vulkanismus deines Körpers, das ist Leben.

◆ Babette Dieterich ◆

Du bist wehendes Gras

Du bist wehendes Gras –
ein Hauch nur an flüchtenden Flanken
wilder Pferde.
Lass mich über deinem Endlosgrün
Falken jagen und der Mainacht
ihren Silbermantel stehlen.
Schlafen will ich
auf deiner Größe und Herrlichkeit
und dich tränken
mit hundert Bächen.

♦ Edda Gutsche ♦

Jenseits der Sehnsucht

Es streichen Fingerspitzen
über träumende Landschaften
wandern zu betauten Lippen
vergehen sich in Tiefgründigem

der Mund entdeckt das Tal des Halses
atmet streichelnd in den Nacken
trockene schmeichelnde Küsse

streift weiter gegen Süden
entdeckt die strammen Höhen
mit blühenden Knospen

erobert unbekanntes Land
vorsichtig über zitternde Poren
Landschaft
mit empfindsamen Härchen
zum tiefen ovalen Nabel der Welt
zur Mandel der süßen Falten

dann der Hügel der Aphrodite
fest und mit erregtem Wäldchen

feucht und warm nieselt es
aus der versteckten Muschelgrotte
die sanfte Massage kitzelt Verlangen
berührt zärtliche Leidenschaft
und
bittersüßer Lustgenuss dringt ein
in Sehnsucht

◆ Wolfgang Mach ◆

In der Fermate

In der fermate meines atems
gehe ich den spuren nach
die dein mund eingrub
in die sehnsucht meines fleisches

dorthin
wo meine verlassenen poren
dich suchen
und brücken bauen

auf denen du wiederkehren kannst
ein verlorenes paradies
neu
zu erfinden

♦ Marion Bergmann ♦

Sanfter Frühling

Du legtest deine Hände auf mich
und alte, graue Kutten fielen ab,
in die ich mich noch am gestrigen Abend
voller Wonne gekleidet.

Ich fand Stücke zerrissener, bemalter Nächte,
du nanntest es Kunstwerke,
kleiner Frühling nannte ich sie liebevoll.
Verlockend, vielleicht weissagend,
dich zu spüren.

Durch deine Hände sanfter Frühling.

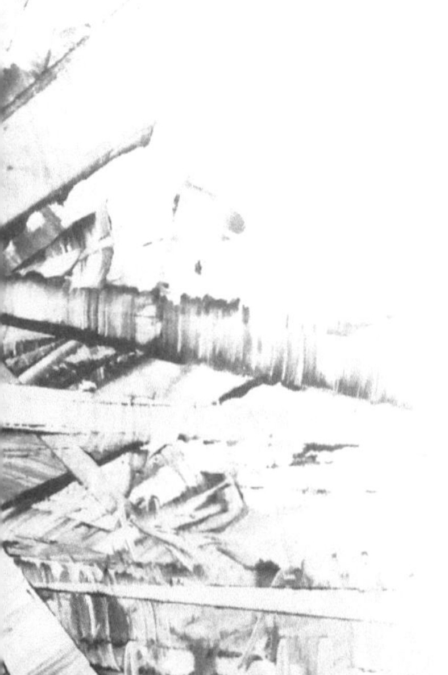

Pforten der Nacht

Gerade jetzt sind Deine Augen grün
verheißungsvoll und tief
Dein Atem streicht die Haut herab
und setzt leise auf
als gelte es
meine müde Trägheit zu unterjochen

Warmer Dunst wimmelt
im feuchten Tal
es gibt sonst nichts
niemanden
kein Verstehen
nur Versinken

Dein Seidenvlies berührt
meinen Mund
samtdunkle Bedeckung
was leuchtet
sind rote Blüten

Das Einzige
was ich sagen will
ist falsch

♦ Harald Kappel ♦

Schweigen

Schweigen im Echodual.

Das Herz spurt neue Pfade ins `Du`.

Wind, Frühlingswind, frischt
das Stillste. Das Leichteste.
Ein anderer Funke besonnt,
Hände und Haut.

Orte, Worte und Gesichter, sind mehr
als Blitze im Vorübergehen

Und Risse klaffen,
um uns tiefer auszuleuchten.

♦ Brigitta Huemer ♦

Berührungen

Ich bin dort,
wo Worte
nicht mehr klingen,
wo Sprache
nichts als Geste
des Begehrens ist –
lautloses Schreien
nackter Haut.

Ich will dich atmen,
fassen, dich erleben
und in dir sein,
dass unsere Seelen
sich berühren,
so wie zwei Vögel
auf dem Weg
nach Haus.

♦ Edda Gutsche ♦

Unsere Haut

diese Haut, diese Haut
deine Haut
wenn mein Schlüsselbein
an deiner Brust kratzt
die Lippen von deinem Ohr an
deinen Hals fallen
und ich spüre
dass mein Körper dich bewegt
bin ich für dich offen
und ganz bei mir
kann das ganze Leben kosten
in einem Schweißtropfen auf deiner Stirn
wenn Haut auf Haut brennt
wir uns miteinander drehen
und ineinander untergehen

diese Haut, diese Haut
seufzt du in meine Augen
wenn dein Bart an meiner Haut schabt
etwas hinterlässt
ein Mal, das bleibt
und ein Keuchen, das aus der Tiefe ersteigt
ein Seufzen, das auf deinen Schulterblättern
liegen bleibt
und ich bin ganz bei dir
sehe mich mit deinem Blick
und er öffnet mich zu einem Wimmern
mein Körper erzittert unter
dem Lächeln deiner Lippen

diese Haut, diese Haut
deine Haut
die verletzt ist
weil meine Nägel sie geliebt haben
ehrlich und direkt
Fingerkuppen,
die reden und schweigen
pure Gier auslösen
zu spüren
dich zu spüren
mich zu spüren
dein Stöhnen einatmen
und mehr wollen
ohne zu wissen
wie das aussehen kann

diese Haut, diese Haut
unsere Haut
wenn der Kopf im Nacken liegt
jeder Muskel sich spannt
um die Haut zu straffen
empfänglicher zu machen
damit keine Berührung verpasst wird
vom Zittern verblasst wird
das Gefühl,
dass die Haut zwischen uns dünner wird

♦ Hilke Anna Berndsen ♦

Zum Aufheben

Oh Mann, wie du in stiller Lust
stehend vor mir liegst,
ist es für mich ein Leichtes,
Bäume, Klippen, Türme zu bestürmen,
Platz zu nehmen auf jenem Sattel,
der sich meinem Leib bereits vorgeformt,
dich zu bereiten
für einen Ausflug in traute Ferne,
das Oben und Unten zu verkehren,
den Mann, die Frau in dir zu verehren,
dass ich als wildes Mädchen, als Knabe
meine lachende Lust auf dir habe,
stehend bewegt,
ruhend erregt,
und im Leibumdrehen
verstehen wir:
Gegensätze sind zum Aufheben da.

♦ Babette Dieterich ♦

Aufgehen in Dir

Ich will deine Vorstellung von mir sehen!
Die Szene muss vergehen,
doch dein Sinn in mir,
mein Sinn in dir,
bleibt bestehen.

Lass mich von deinen Lippen kosten,
jede Weichheit, die sie geben.
Als könntest du dich in mir,
als kann ich mich in dir,
unentwirrbar, sanft verweben.

Wie feinster Stoff will ich,
Samt an Samt – Haut berühren;
deine weichen Wogen in mir,
zart gleitend an dir,
lautlos tiefste Gespräche führen.

Und wenn Augen langsam um Schlaf ringen,
will ich in ihrem letzten Blick,
dein Sinn von mir,
mit meinem Sinn in dir,
ruhig atmend in deine Nacht vordringen.

◆ Stephanie Mattner ◆

Zwischen deinen Gliedern

die langsame nacht
in deinen gliedern
zergliedert

die langsam tröpfelnde nacht
haucht meinem mund
die hitze deines nackens ein

drehen und wenden
vertauschen uns
dein haar ergießt sich
über meine brust
deine lippen
ein ozean
überschwemmt mich
und in der mitte
tief darin
liebe ich
und überflute dich

tröpfelnde langsamkeit
schmeckt nach dir
schmeckt nach mir in dir
dir in mir
in uns
weit und breit
aufgetürmt und weich

tropfende nacht
der langsamkeit

überschütte dich
mit einem kuss
im glühenden
erdkern deines nabels
lang
samtröpfelnd
in langtröpfelnder nachtsamkeit

bis ich dich am endpunkt
erreiche, dich loslasse
in brennender nacht gegenseitig
aufgelöst, ineinander verschwinden

die nacht
so langsam
entweicht
tropfen für tropfen

auf deinem nacktwarmen rücken
sauge ich auf
die letzten reste

das ungemachte bett
taut auf
im warmen, bitteren duft
das mich womöglich
überlebte

♦ Francisco Cienfuegos ♦

Tautropfen

Über meinen Körper
wandern
begehrliche Hände

verschwinden
in der Süße
meiner Fruchtbarkeit

lassen mich erbeben
Tautropfen bedecken
meinen Schoß

ergebe mich
seufzend
schwindelnden Höhen

abstürzend
ins kalte Laken
der Stille

♦ Angelika Groß ♦

Das Paradies nenne ich Liebe

Das Paradies nenne ich Liebe.
Darin gehe ich tausend Sternenfade
entlang der Leidenschaft.

Brunnen, die Öle speien. Herzen,
gesalbte von Aphrodite persönlich.
Wonnen und treue Schwäne, die
Haut wie Späne auf den anderen
rieseln lassen. Getränkt im Getränk
der Lust!

Der Triumphbogen in den Beinen,
die Asche der Haare auf dem Haupt,
die Sehnsüchte, Gerüche und Lieder.

Und immer wieder senken sich die Lider:
nicht zum Schlaf, du weißt das…

Das Paradies nenne ich Liebe.

◆ Eileen Mätzold ◆

Abendmahl

Wir atmen uns
mit blut-feuchten Lippen, rot,
Zärtlichkeit verlockend beißend,
köstliches Salz der Haut goutierend,
in den Tiefen unserer Augen versunken.

Hauchen unsere Lust auf glatte Glieder,
finden zitternd bebende Körper,
schmecken lustvoll, saftige Süße,
perlende Tropfen der Begierde
paradiesischen Hunger weckend.

Hechelnd zarte Wildheit
ertrinkt in nie endend wollender Lust,
schwingt sich auf in neue Sphären,
vereint in sich ergießende Kraft,
wir atmen uns.

♦ Michael Pilath ♦

Atem an Atem

Dein Atem beruhigt mich
wie der Mond seine Sterne
wenn die Nacht uns träumt
im Atemmond

Wir schaukeln im Fluss
dieser Flut von Berührungen
denken uns
von Stern zu Stern

Verschieden sind Formen
stiller Umarmungen
ich spüre dich
und frag mich
wer ich bin

wenn die Nacht uns träumt
und unser Atem uns beruhigt
im Mondatem

♦ Tobias Hainer ♦

Bei dir sein

in dein haar springen
mit einem sprung
den jagdhunden nach
den löwen
dem bärenhüter
bei dir sein
in dir sein
einem sternenhaufen
kraulen in wirbelnden locken
die duften nach
wolken und ozean
hinabsinken ins parfüm
deiner haut
dein haar wiegt mich
in die kajüten erträumter schiffe
ich will bei dir sein
in der dünung der ankerplätze
die lippen an büscheln von haar
in mähnenwellen
in sternengestrüppen

♦ Lilo Heimann ♦

Sommer Wir

Und du malst mir Landschaften
auf meine Haut
Küsten Meere Himmel

mit deinem zarten Mund
umschiffst du meinen Nabel
wirfst deine Zunge aus

ankerst zwischen meinen
aufgestellten Riffen und
vergehst in mir in
wilden, lauten, stillen, sachten
.........Wellenschlägen.........

♦ Marina Maggio ♦

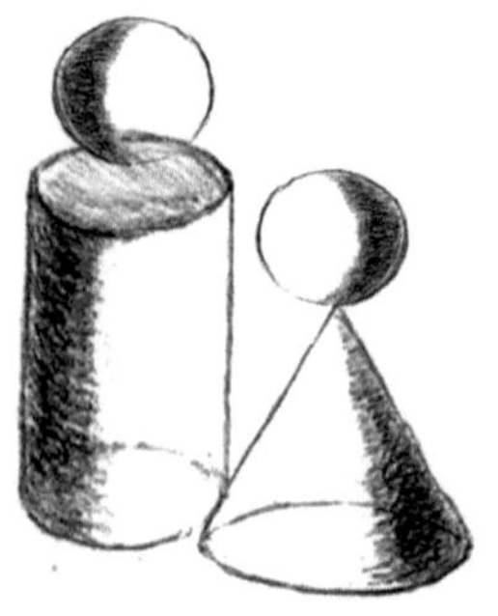

Erkennen

wir erkennen
uns
in dem Augenblick,
den wir ersehnten
und fließen ineinander
Gegensätze bleibend
werden wir eins
hart und weich
gebend und nehmend
entleert und gefüllt
eindringend und empfangend
innig umschlungen
jeder für sich
schließen wir die Augen
um zu fühlen
wie zerbrechlich
wir
du und ich
wie verletzlich
wir
doch sind
in diesem Augenblick der Lust

♦ Marc Rosenberg ♦

Zwischen fremden Orten

Schlurfende Schritte des Schaffners
auf schmutzigem Grau gebettet
Räder rattern, Kinder schreien
in fliegenden Wäldern, monoton

zwischen staubigen Welten du
setzt dich neben mich, dann knistert
Stille zwischen feuchten Lippen, Blicke
prallen als Leuchtpunkte aufeinander

Hände berühren einander, zart
schließen Vorhänge vor Glas
Fingerspitzen unter dünnem Stoff, der Atem
strömt und Lider fallen bodenlos

Seide schwebt zu Boden, landet
in Schwindel, erhebt sich dann im Beben
zweier Körper, die sich treffen
einander unbekannt und pochend.

◆ Ina Spang ◆

Solches Begehren

Unter meinen Kleidern
schreit die Haut.
Außen Stille.
Niemand weiß es.
Nur du.
Die Fingerkuppen brennen,
die Augen lodern.
Im Kopf tanzen Bilder,
atemlos.
Im freien Fall
stürzen sie in meine Mitte.
Aus ihr steigen bebende Schauer,
die sich über die Haut ergießen.
Bis sie schreit,
unter den Kleidern…

Solches Begehren

♦ Christina Udwari ♦

Ein Skalp und Zahnräder

als du sagtest
„du gibst mir gänsehaut"
blies es mir die kopfhaut weg
vor liebe
und skalpiert gewährte ich dir ein
blick in die zahnräder
an dem ort
namens seele wo
große zahnräder
schmelzen wenn du reinlugst
erschüttert das mein serotonerges
gleichgewicht das schmilzt dahin
da draußen nennt man das liebe
wenn du mich mit dopamin bombardierst
aber ich weiß nichts von
wörtern diesen
wörtern von oxytocin weiß nichts
weiß nur ich zergehe – oxidiere –
da du zu mir sprichst:
ich schmelze in dich
du in mich
schmelzender tiegel

deine zahnräder sind so schön

♦ Şafak Sarıçiçek ♦

Pochende Zärtlichkeit

Und ich mal' uns das Menschsein ins Gesicht
Die verflochtene Wärme in Deinen Haaren
die so schwärzlich-vielen
Gegen Helligkeit nehm' ich meine Hände von Dir
Dein gebissener Feuerschmerz
Auf meiner Haut
Deine kirschblütige Verwunschenheit

♦ Merel ♦

Eine Liebesnacht
in Haiku

Wasser aus dem Nichts
Legt sich schwer auf Fleisch und Stoff
Zeigt was sonst verhüllt

Öl auf der Leinwand
Phthaloblau auf deiner Haut
die Borsten kitzeln

Tiefer Atemzug
im frisch gestutzten Garten
deiner Weiblichkeit

Der Duft deiner Haut
Die Wärme deines Körpers
Wenn du mich berührst

hin und her
körpermittig konjugiert
schwingen sie im Einklang

Wenn wir uns lösen
voneinander schwerelos
sind wir verbunden

♦ Manuel Bianchi ♦

Magie

Salzkristalle
Aus der Hitze
Tausend Wüsten

Knospen
Aufgeblüht
In meinen Lippen

Perlensee
Sanft benetzt
Durch meine Zunge

– und dann

Gebärst Du
In meinen Armen
Einen Teil
Von Dir in mir

♦ Steffen Behnke ♦

Jedes Leben

jedes leben
hat seinen kürzesten tag
deine brüste
wiegen schwer
auf den lippen

die nacht
voller begierde
löscht das licht
wir spüren
dass wir in liebe
ertrinken

in deinem gesicht
sind meine worte
an dich sichtbar
stürme sammeln sich
im spiegel

umarmungen klopfen
mit der stimme
deinen körper ab
hüllenlos öffnest
du die gedanken
an jedem morgen

♦ Nepomuk Ullmann ♦

Schmetterlinge

Ein Nein nicht möglich
ein geahntes Ja
erhofft
Schmetterlinge auf der Haut
Hals
Brust
Bauch
Schoß
—

Schlag eines Schmetterlingsflügels
ein Orkan
die Flut
erschöpfte Natur
seufzend ergeben
immer wieder

♦ Cindy Sell ♦

Was es mit mir macht

Lass mich aus deinem Blütenkelche
Nektar saugen
und zeig' mir die Liebe
wie sie blüht
und wo verwelkte Sonnenblumen enden

Was es mit mir macht
will ich wissen
wenn ich die Richtung ändere
mich umkehre
mein innerstes Äußeres sich verliert

Was es mit mir macht
will ich wissen
wenn das Unbeirrbare
mich entwurzelt
und dem Verstand Grenzen errichtet

Was es mit mir macht
will ich wissen
das Betrachten und Verweilen
rückwärtsgewandt
auf die Zukunft gerichtet

Was es mit mir macht
will ich wissen
kopfunter im Überschwang
einem blinden Sommer entgegen
in Augenhöhe mit dir

am Ende rostiges Krächzen
dein Blütenkelch-Schrei

♦ Ingrid Hassmann ♦

Lusteingang

Seine Hand streift über das Leder,
das rote Leder und öffnet den Vorhang.
Um ihrer Hüfte, das Zittern der Feder
und an der Naht seufzt er lang,
mit der Bewegung, den Windhauch,
den zieht er
über den Bauch, ihre Schenkel entlang
und schreibt Entrücktes wieder und wieder
mit seiner Feder weich in den Sand.

♦ Bastian Kienitz ♦

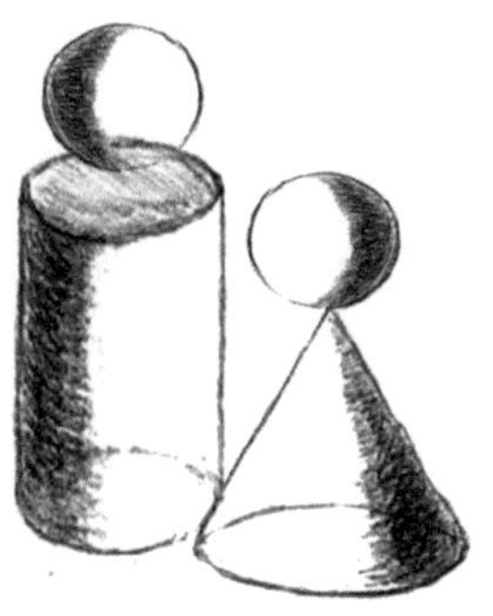

Als bliebe uns nur dies

Von fernen Stunden nimmersatt erfüllt
Liegst Du gar wonnig kletternd zu meinen Rippen
Als flüsterte der Morgentau über baren Rücken
Freudetrunken, wie das Chiffonkleid beim langsamen Walzer

Wohlig malen Schauer meine Wirbelsäule entlang
Kreiselnd von der Anhöhe durchs Tal bis zu den Klippen
Wie eine virtuos komponierte Ouvertüre
Im innig brandend' Tanz zu Deinem Gesang, Deiner Stimme

Magnetisiert von jenem magischen Klang
Wie mondsüchtig in Dir auferstanden
So sehr bin ich verrückt nach Dir, nur Dir
Deiner Nähe, diesem Lächeln – mein Geysir

Oh, wie will ich Deine männlich' Hände
An meinen Munde führen
Jeden Finger einzeln kosen
Als bliebe uns nur dies

Und von dem Salz auf meinen Lippen naschen
Von Dir, als wärst Du ein Bonbon
Überwältigend, wie aufgeschäumte Zuckerküsse
Mit moussierend knisterndem Geschmack

Ich atme Dich, kann Dich kaum erwarten, brenne
Wie der Abendhimmel im Herbst, als Venusgürtel geschmückt
Ungeduldig schimmernd... nein, gar stürmisch bebend
Prickelt laut mein Fleisch, mein Blut

Hüllenlos vor Deiner sinnlichen Offenbarung
Wie pikant berauschte Glut
Durch des Blickes Feuer lösen wir uns auf
– ganz und gar – um ineinander namenlos zu sein

Als wäre das, was uns begrenzt
Kaleidoskopisch wild verwoben
Aus bunten Linien angedünstet, fast ein Mosaik:
Du und ich, wir sind, wir werden... schwerelos

Wie zufällig verschwommene Silhouetten
Hingebungsvoll getragen in des Anderen Begehr
Oh, wie will ich Deine männlich' Hände
Als bliebe uns nur dies...

♦ Tanja Sawall ♦

Galanterie

I

dein zarter Duft erfüllt die Nacht
die Nacht neben dir im Zwielicht
ein Tanz verflochtener Silhouetten
nur nasse Perlen schmücken dich
ein Hauch der Ewigkeit

II

dein schwüler Atem
wird kalt
in einem Atemzug
wieder heiß
dazwischen die Sehnsucht
nach einem Hauch von dir

♦ Jan Russezki ♦

Vorhänge

Geheimnisse hinter
Vorhängen
verborgen vor
Blickfängen
Augenblicke dahinter
Momente
Stofflichkeiten
zugezogen
Äußerstes nur
zwischen uns

♦ Gnothiseauton ♦

Der letzte Mond

Der letzte Mond umkreist
deine Bluse /*zugeknöpft*/
er sucht die Öffnungen
/*sichelgefügt*/ du denkst an
Sommer am Steg während
/*Maulwurf*/ Finger deine Möse
umkreisen und du
/*hingegeben*/ in Bilderwolken
liest

◆ Arno Reis ◆

Eruption

Lass die Fingerspitzen gleiten
Über deine breiten Hüften,
Unter tiefe Klüften, Falten,
Bis die dürstend Spalten schwitzen.

Lass dir Abenteuer schmecken,
Über Lippen lecken, saugen,
Bis dir Mund und Augen gehen,
Bald in Flammen stehen - Feuer!

Lass die Gier in Brüsten zittern,
Dich von Berggewittern jagen,
Und Vulkane schlagen, gleißen,
Von den glühend heißen Lüsten.

♦ David Damm ♦

Genesis

Aus weiter Ferne schon verspürten wir die Nähe,
denn was uns einte, war schmerzlich unerfülltes Hoffen
auf unverletztes, zartes Glück, und ich gestehe,
ich war berauscht von dir, hab mich an dir besoffen.

Du warst so offen, und hast dich mir weit aufgetan,
so ging ich in dich, und ging dir auf den Grund,
wir fingen atemlos und ungehemmt zu schreien an,
und schwiegen uns die flinken Zungen wund.

Dann haben wir schweißnass und vom Höhenrausche trunken,
obwohl gefunden, uns in uns ganz und gar verloren,
wir waren high, und dennoch grottentief versunken,
nun geh'n wir auf in uns, erblüh'n als neugeboren.

♦ Jens Junk ♦

Mädchen wie ein Lied

Deine Augen leuchten laut mich an
Wimpern klimpern wie ein Windesspiel
Deines Mundes Lippen tönen
gemeißelt in Deinem weißen Gesicht
Und auch das scheint Geräusch
Klang, der meine Seele berührt
Musik, die mein Gehör begehrt
Melodie dringt durch Nebel trüber Tage
sphärenhafter Sirenengesang
Ton, der mich erzittern lässt und beben
Noten bedecken Dein Kleid

Tanz', bitte tanz' mit mir!

♦ Gilbert von Luck ♦

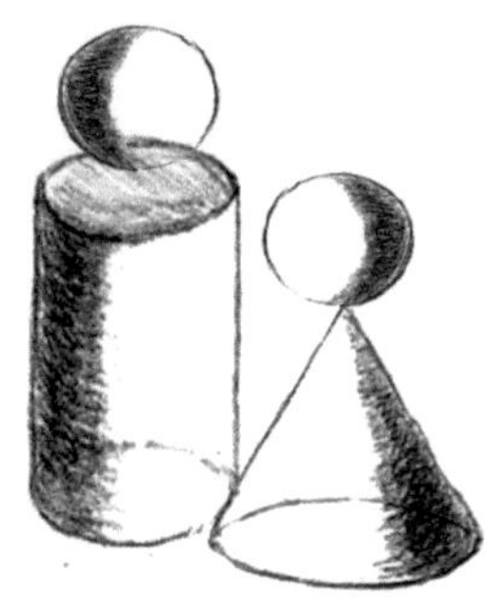

Dein Wort riecht gut

dein wort riecht gut
auf meiner zunge zergehen
die sätze
an meinem gaumen haften
versprechen duftend
nach nelken und zimt
dein wort wird eins
mit meinem atem
ich wende mich
du sollst an meinen sätzen kauen
wohlriechende spitzen
auf allen wegen

♦ Kathrin B. Külow ♦

Hingabe

Wie ein Baum
verzweig ich mich in dir,
mein Licht, mein Regen.
Ich trage Früchte.
Ernte sie!
Entblättern herbstlich will ich mich
und ruhen still in dir,
bis neue Kraft
aus meinen Wurzeln steigt
und deine Sonne
neue Knospen weckt
aus meinen Zweigen.

♦ Walter Zeis ♦

Danach

Ein Tropfen. Bloß ein Tropfen Schweiß. Ein kleiner
Spätling entströmter Leidenschaft. Und doch…
War je ein Streicheln zarter, weicher, feiner?
Nie sah ich etwas sanfter rinnen. Noch

gab sich der kleine Tod je jungfräulicher
als dort, in jener schmalen Spur von Salz.
Der süße Rausch der Lust liegt darin sicher
versteckt. Gerade noch ahnbar, allenfalls.

Nichts an ihr zittert mehr, nicht Lid noch Lippe.
Sie blickt den Tropfen an, als sei's ihr Kind,
lächelt - und führt ihn still hinab zur Krippe
ihrer Sinnlichkeit. Auf dass er darin wippe.

Und ich? Werde vor Eifersucht fast blind.

◆ K. U. Robert Berrer ◆

Hingeben

Berauschende Nacht
Mich hingeben
Purer Lust
Dem wilden Tanz
Des Fleisches
Mich hingeben
Danach
Niederknien
Vor dem Morgen

♦ Petra Klingl ♦

Nie endend

Lass mich
noch eine Weile
in dir
sein

jede Rundung
Ritze
jede kleinste Lücke
in mir

soll
von dir wissen
sich füllen
mit dir

und sich außerhalb
entleeren

und dann nach dir fragen
immer wieder
nie endend

nach dir fragen.

♦ Samira El-Maawi ♦

Nähe

Heiße Körper im zarten Band umschlungen,
fordernd feuchtes Spiel mit roten Zungen,
Haut auf Haut sich liebend reibend,
spüren wir in tiefe Lust uns treibend.
Herzschlag im gleichen Takt der Brust,
zutiefst vereint in süßer Lust,
ergebend, stöhnend, hin gegeben,
du züngelst atemlos, gibst Leben.
Dann zitternd, bebend, erreichen wir,
höchste Stufen wilder Gier,
erschöpft dann in einander sinken,
Gefühle aus der Seele trinken,
die Gier vorbei, die Lust verschwunden,
der Nähe sind die nächsten Stunden.

♦ Michael Pilath ♦

Perfekte Stille

Still!
Keinem Wort, keinem Satz
will ich jetzt lauschen
Keine Stimme, keine Gedanken
Nur das Rauschen
Die Wärme deines Körpers spüren
Ganz gefunden, entbunden
Neu geboren sein
Mit deinem Atemzug
Ermattet bei dir liegen
Voll Herz und ohne Hülle
Das ist sie, das ist
Die perfekte Stille

♦ Stephanie Mattner ♦

Aus Natur, zerwühlt

Nach dem Aufwachen erzähl ich dir
von Büscheln aus Gras, zerrupft und verteilt
wie Bettlaken aus Natur, zerwühlt
von der Leidenschaft unseres Liebesspiels

Von Büscheln aus Gras, zerrupft und verteilt
und das Gefühl, das neben mir lag im Traum
von der Leidenschaft unseres Liebesspiels
ein Abbild, die Oberflächen glänzend

Und das Gefühl, das neben mir lag im Traum
massiv und erhaben in dunklem Blau
ein Abbild, die Oberflächen glänzend
und dabei deine Hände auf mir, überall

Massiv und erhaben in dunklem Blau
nach dem Aufwachen erzähl' ich dir
und dabei deine Hände auf mir, überall
wie Bettlaken aus Natur, zerwühlt.

◆ Ina Spang ◆

Verliebt geben

wir waren noch schön bei nacht
zerrissene haut verwebende
den faden zwirbeln zum verleben

wir waren hungrig bis acht
so satt gesehen im verschwinden
die karte verlegt zum wiederfinden

wir lagen trunken noch wach
als hypnos uns nicht verdeckte
und ich mich unter der decke
vor deinem tage stahl

◆ Beatrice Buchholz ◆

Aus der Nacht

Aus der Nacht geschmuggelt:
Gedanken an Rot

Vielleicht kämmt ein neuer
Morgen/ sie dir aus dem Sinn.

Verbünde dich
mit dem Wellensang
der Lust.

Ein Wort.Gefieder
dunkelt noch/ im
kreisenden
Schoß.

`liebe, hinfließend ist sie wie die nacht`

♦ Brigitta Huemer ♦

Morgen nach dir

Sanft erwachen
im Kleid eines Traumes,
noch genüsslich
unter den Lidern verschlüpft.
Und der Körper
spricht
in Zentimetern.

Das Haar
wild zerwühlt.
Lippen brennen
noch in Glut.
In den Ohren
steckt
dein heißer Atem.
Im Nachbeben strömt
Gefühltes durch den Bauch.
Wilder Rausch
liegt noch
auf den Lenden.

Du und ich
und die Nacht.
Sie zuckt noch

in sich räkelnden Schenkeln.
Puls des Morgens
in stillem Rasen.
Sein Pochen
gilt dir
und verlangt schon
nach der Nacht.

♦ Christina Udwari ♦

Unvergesslich

Während das Du
neben dem Ich sich
vergräbt

gebogen
zu schaffen macht
zwischen aufgetischten Schenkeln

nachdem es aus
dem Mund geschält

innehält

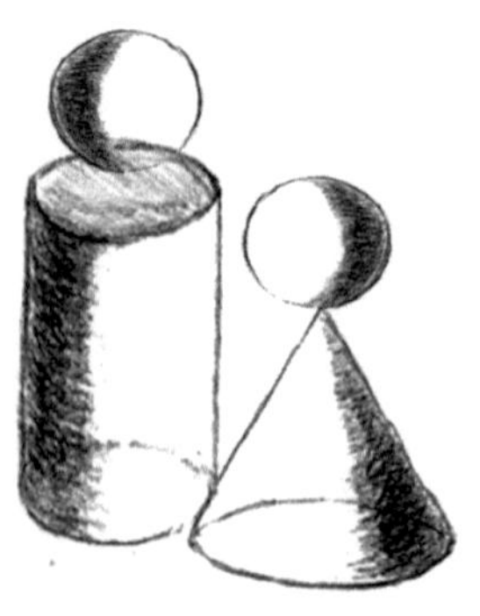

Aufwachen

Die verwischten Konturen
der Nacht
stürzen dem Abgrund
des anbrechenden Tages zu

eine allzu glutrote Sonne
wälzt sich
aus tosendem Aschemeer

lichtweiße Vorhänge
verwehen das Nächtliche

verweisen die Zeit
ins Vergangene

will zurückeilen
mit dir –
zum Anfang der Nacht

du gephällst…

♦ Ingrid Hassmann ♦

Die Nacht

webte unsere Stunden
in ihr dunkles Blau.

Wir kosteten Spiralnebel,
schmückten einander mit Kometenschweifen,
jonglierten Jupitermonde.

Dunkel ihr Blau –
so zerbrechlich die Nacht.

♦ Christiane Schwarze ♦

Aurora leben

es ist die morgenröte
ich muss dich sehen
dies leuchten erleben
so ganz aus dir

auch wenn du schläfst
und vom farbenen himmel
ein junges rosenrot dich
bis in die poren erfüllt

und wie dein atem sich hebt
einen glücklichen augenblick
aurora zwischen augenlidern
im allerletzten traum

ich muss dich sehen
muss dich spüren
wie du lebst
diese röte
mit uns
in dir

♦ Bernd Pol ♦

Gedanken beim Betrachten deines Körpers

Am Bettrand wartend, während die
Sonne langsam aufgeht.
Dein Körper ist ein von der Nacht geformtes
Wesen, noch feucht und warm und namenlos.

Durch die Jalousien erscheint der Himmel
gestreift und voll von rot-gelbem Flaum.
Vor dem Fenster knistern die Blätter wie von
Hand geschöpftes Papier.

Du öffnest deine Augen, ein Funkenschlag
zweier Bernsteinsonnen, die kurz aufleuchten
und erlöschen beim Lidschluss.

Dein Herzschlag schwirrt nah an meinem Ohr…
Libellenflug überm Gedankenteich.
Ich fühle es wie du… unser Sommer friert bereits
zwischen den nickenden Mohnbeeten.

♦ Marina Maggio ♦

Champ de Mars

dein Herz an meinem
klebt ein Rest französisch noch
in diesem Garten

den ich lustwandele
im Seelenschoß

dort wo
die Türschwellen
zum Sommer
sind

♦ Bastian Kienitz ♦

Seelenfeuer

musik rauscht auf,
und sie verklingt im wind,
es kreist das lebenskarussell,
ich dreh mich schneller,
dein gesicht verschwimmt
zu einem bunten kreidestrich,
tanzt auf und nieder,
wird girlande, blütengischt…
ich kann dich nicht mehr sehn,
verlor dich aus dem blick.

doch weiß ich noch,
wie reich dein lachen perlte,
wie königlich dein blick sich fügte
meinem freien liebestanz,
wie unsre gesten lange umeinander rangen,
bis unsre worte mutig wurden,
und wir uns immer tiefer fanden,
strudelnd durch die schattentäler
uns verströmten über stunden
in den mondsee, der am himmel wuchs…

weißt du es noch?
wir zündeten einander kerzenmeere an,
und deine göttliche gestalt verschwamm
mir unterm blick zu solcher köstlichkeit,
dass ich zerschmolz, verging von innen her,
ich wollte dich umschlingen ganz und gar,
mit allen poren deine schönheit fassen,
vergaß, wo du zuende warst, wo ich begann,
wusste nicht mehr von dir und mir…
im seelenfeuer brannten wir.

♦ Mirani Meschkat ♦

Rückweg

Unter dem Licht des Abends
falle ich zurück in den Tag.

Noch einmal steige ich
in deine Atemzüge
und fahre durch die Rinnen der Haut.

An den Fingern haftet brombeerrot
Erinnerung, als wir den Mittag streifen,

doch erst im Morgengrauen
rieche ich das Meer
an deinem Mund.

♦ Sigune Schnabel ♦

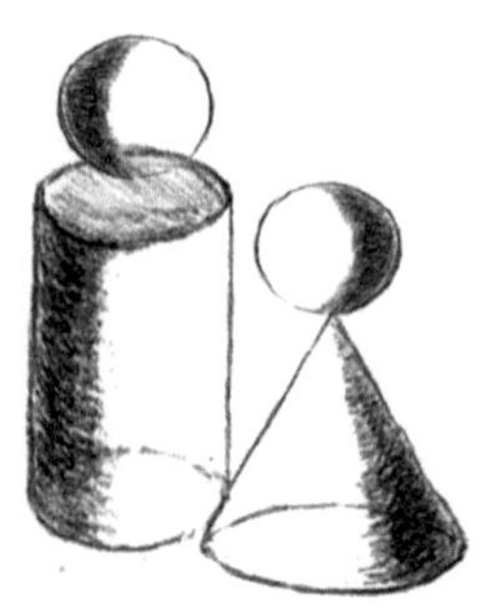

Flut

In der Nacht kam der Traumschwimmer
er sprach zu mir
flutende Ströme
sein Tangelixier
benetzte mir den Mund schickte
Blauschauer über mein Land
ich trank.

Ein Schwamm wurde aus mir
ein Meergedächtnis
tauchende Lippen
sein Krillgetier
streifte mich am Grund färbte
meine fahlen Schuppen
ich sank.

Ein Spiel unter Tage
über Nacht schöpfte er
aus der Schale des Meeres
steten Salzwind
sprühte er in mein Haar
bis ich Brandung war
er verschwand.

♦ Marina Büttner ♦

Ich trage dich fort…

Ich trage dich fort in all meine Tage,
aus der gischtenden Flut dieser Nacht,
trage dich fort und bemale mit dir meine Welt,
dass sie träume, wie ich träume mit dir,
dass mir ein jedes Bild deine Farben trage…

…und dass sie dich schmecke und spüre,
so zärtlich hautumkost wie meine Lippen
all die Nuancen deiner Ströme schmecken,
über den Fortgang der Momente weit hinaus,
weit hinaus noch über das hörbare Wort,
das ich mit tastender Zunge lautlos dir forme…

…und mit dem Puls meiner Haut,
mit dem Tau der Erregung von deiner Kehle,
trage ich den Geschmack von dir fort,
hinaus über das Nachtlied hinweg,
in den übergeduldigen Morgen,
bebend vom zuckend-zärtlichen Schlag,
vom Takt unserer zitternden Zungen
und deinen in mich dringenden Augen,
und deinen lautlosen Worten, die mich verführen…

◆ Thomas Hoffmann ◆

Chagall

Zum Ausklang

Ein blaumilchmond
ein liebumwundenes kissen
so dicht, so klar
dass es die offenbarung hält
als würde nur die nacht
von licht umspült die liebe
in allem urgrund ihrer welt
mit rosen krönen
und goldbeglückt
ein jedes wesen schönen

Marion Bergmann

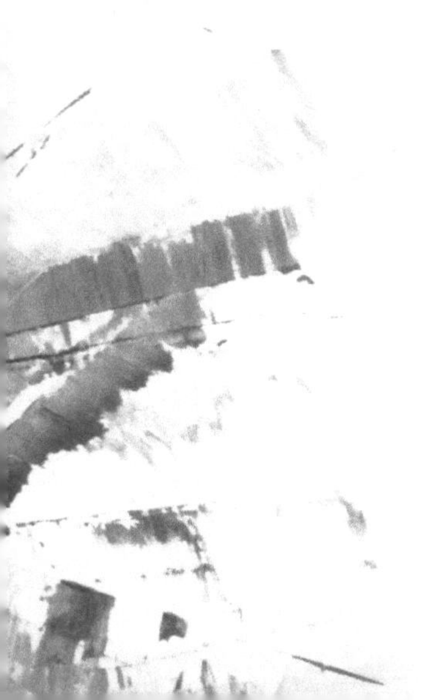

Danksagung
von Francisco Cienfuegos

Ich danke Stephanie Mattner zutiefst, mit der ich als Mitherausgeber dieses Bandes fungieren durfte. Es war für mich ein großartiges Erlebnis, diese wunderbaren Gedichte gemeinsam mit ihr auszuwählen und diesem Band Form zu geben. Eine inspirierende Zusammenarbeit.

Das Projekt „SternenBlick", das sie auf brillante Art und Weise repräsentiert, bietet der Poesie einen Nährboden an, der in aktuellen Zeiten von unersetzlichem Wert ist.

Vor allem danke ich allen Dichterinnen und Dichtern, die ihre Werke zur Verfügung gestellt haben. Es war eine Freude an deren Kreativität, Originalität und Schöpfungskraft teilhaben zu können.

Ein besonderer Dank geht auch an die beiden Künstler, Leonid Afremov und Franz J. Hugo, die uns ihre Kunstwerke zur Verfügung gestellt haben, um für diese zeitlose Thematik auch optisch eine einmalige Anthologie präsentieren zu können.

Über das Projekt

SternenBlick ist ein Projekt, das Mitte 2013 von Poesiebegeisterten initiiert wurde. Ziel ist es zeitgenössische Poesie zu fördern, unter anderem durch sorgfältig erstellte Bücher — sowohl inhaltlich, als auch optisch. Daneben ist der Ansatz der Gemeinnützigkeit eine zentrale Position von SternenBlick. Sämtliche Erlöse, auch von diesem Band, fließen daher einer Organisation zu, die die Spenden ihrerseits an bedürftige Kinder verteilt.

Alle Veröffentlichungen, aktuelle Ausschreibungen und der Spendenstatus sind der Homepage zu entnehmen:

Näher am poetischen Herzen
www.sternenblick.org

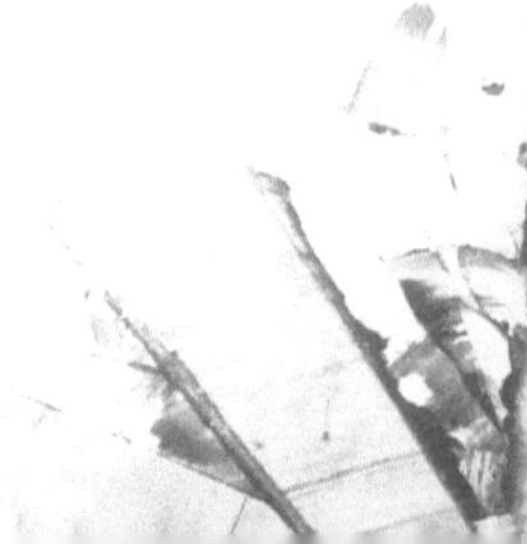

Über die Herausgeber

STEPHANIE MATTNER ——

Die Wahlberlinerin studierte Germa-
nistik mit Schwerpunkt auf das Editi-
onswesen. Derzeit arbeitet sie in einem
etablierten Verlag.
Seit vielen Jahren schreibt sie vorrangig
Lyrik und ist aktiv im „Freien deutschen
Autorenverband" und der „Kreuzber-
ger Literaturwerkstatt".
Mit dem „SternenBlick-Projekt" gibt sie
seit 2013 ihrer Leidenschaft für Dicht-
kunst einen geeigneten Rahmen.

FRANCISCO CIENFUEGOS ——

Der aus Andalusien stammende und
in Offenbach lebende Lyriker, ist in
Deutschland und Spanien regelmäßig
mit seinen Lesungen unterwegs. Im Ok-
tober 2015 erschien sein erster deutsch-
sprachiger Lyrikband "Reger Laut im
Zwischenraum" (Verlag Berger).
Mit „SternenBlick" verbindet ihn eine
Grundhaltung und Weltanschauung,
die fest im humanistischen Menschen-
bild verankert ist: *„Der Wille, etwas zu
bewegen. Durch Poesie."*

Inhaltsverzeichnis

Francisco Cienfuegos – Vorwort.................................6
Stefanie Haertel – Liebeserwachen 11

Kapitel 1 – Bei Dir: Sein 13

Markus Gerbl – Du 15
Anne Mammes – Fäden 16
Gabriele Auth – Deine roten Jeans 17
Roland Schmid-Paleski – Zwei Fragmente 19
Elin Bell – Silberlicht… 20
Bettina Wimmer – Ich sehe den Himmel..........21
Birgit Burkey – Perlmutttropfen 22
Stefanie Junker – Alle Tiefen......................23
Gilbert von Luck – Nach dem Liebesbrief 24
Wolfgang Endler – Zwischen gestern..............26
Projekt wort:rausch – Zwischenzeit..................27
Elisabeth Lintschinger – Orange.....................28
Armin Hambrecht – Sinnentäuschung.............29
Şafak Sarıçiçek – Ägäische Wiese 31
Beate Kriechel – Entgegenkommen 32
Guido Blietz – Schweigen...........................33
Babette Dieterich – Begreifen.......................34
Edda Gutsche – Du bist wehendes Gras..........35
Wolfgang Mach – Jenseits der Sehnsucht..........36
Marion Bergmann – In der Fermate................37
Stefanie Haertel – Sanfter Frühling..................38
Harald Kappel – Pforten der Nacht................39
Brigitta Huemer – Schweigen.......................40

Kapitel 2 – In Dir: erfüllt.................................*43*

Edda Gutsche – Berührungen............................45
Hilke Anna Berndsen – Unsere Haut...............46
Babette Dieterich – Zum Aufheben 48
Stephanie Mattner – Aufgehen in Dir 49
Francisco Cienfuegos – Zwischen deinen.........50
Angelika Groß – Tautropfen...............................52
Eileen Mätzold – Das Paradies nenne ich.........53
Michael Pilath – Abendmahl...............................54
Tobias Hainer – Atem an Atem...........................56
Lilo Heimann – Bei dir sein 57
Marina Maggio – SommerWir 58
Marc Rosenberg – Erkennen...............................59
Ina Spang – Zwischen fremden Orten..............60
Christina Udwari – Solches Begehren................61
Şafak Sarıçiçek – Ein Skalp und Zahnräder......62
Merel Pochende – Zärtlichkeit............................63
Manuel Bianchi – Eine Liebesnacht...................64
Steffen Behnke – Magie 65
Nepomuk Ullmann – Jedes Leben 66
Cindy Sell – Schmetterlinge................................67
Ingrid Hassmann – Was es mit mir macht........68
Bastian Kienitz – Lusteingang 69
Tanja Sawall – Als bliebe uns nur dies..............70
Jan Russezki – Galanterie....................................72
Gnothiseauton – Vorhänge 73
Arno Reis – Der letzte Mond..............................74
David Damm – Eruption 75
Jens Junk – Genesis 76

Gilbert von Luck – Mädchen wie ein Lied 77
Kathrin B. Külow – Dein Wort riecht gut 78

Kapitel 3 – Mit Dir: erschöpft 81

Walter Zeis – Hingabe 83
K. U. Robert Berrer – Danach 84
Petra Klingl – Hingeben 85
Samira El-Maawi – Nie endend 86
Michael Pilath – Nähe 87
Stephanie Mattner – Perfekte Stille 88
Ina Spang – Aus Natur, zerwühlt 89
Beatrice Buchholz – Verliebt geben 90
Brigitta Huemer – Aus der Nacht 91
Christina Udwari – Morgen nach dir 92
Projekt wort:rausch – Unvergesslich................. 94
Ingrid Hassmann – Aufwachen 95
Christiane Schwarze – Die Nacht 96
Bernd Pol – Aurora leben 97
Marina Maggio – Gedanken beim Betrachten .. 98
Bastian Kienitz – Champ de Mars.................... 99
Mirani Meschkat – Seelenfeuer 100
Sigune Schnabel – Rückweg 102
Marina Büttner – Flut 103
Thomas Hoffmann – Ich trage dich fort. 104
Marion Bergmann – Chagall 107

Über das Projekt 110
Über die Herausgeber 111